나는 스턴트맨이 아니다

나는 스턴트맨이 아니다

시 · 사진 홍긍표

좋은땅

서문

카메라 속에 담은
풍경들에
영혼이 설레어
그저 바라만 보기 아쉬워
작은 이야기를 곁들여 본다
한 줄 햇살이라도
닿을 수 있으려나

| 작가의 말

30년의 직장 생활을 마친 후 한동안 공허함에 빠져있었다.

친구의 권유로 사진을 배우게 되었다. 출사를 나가 피사체를 볼 때 그립고 가슴 아팠던 일들이 떠오르면 렌즈에 담고 시상을 메모하여 시로 써놓곤 했다.

출사 여행은 새로운 인식과 사색의 기회가 되어 또 다른 시적 영감을 얻을 수 있었다.

은퇴 후 봉사하는 일을 해보겠다는 생각에 3년여 기간 동안 어려운 상황에 놓인 분들을 위한 돌봄 일을 수행하였다. 오히려 그분들로부터 내가 더 많은 위안을 받은 것 같다. 그때 만난 인상 깊은 몇몇 분을 시로 그려보았다.

이렇게 파일에 담아두었던 사진과 시를 모아 부족함에도 책으로 내게 되었다. 저의 삶과 체험에서 얻은 소소한 기록들을 늦여름의 저녁노을을 보는 것처럼 담담히 보아주시면 좋겠다.

사진과 시를 지도해주신 선생님들, 함께 출사하고 공부하며 격려해준 사진 동료 문우들 그리고 가족에게 감사드린다.

2025년 가을
홍긍표

목차

서문 ··· 4
작가의 말 ··· 5

1부

능소화 누이 ··· 10
옹관 ··· 12
자목련 ··· 14
피아골 단풍 ··· 16
단풍 공양 ··· 18
향불과 영정 사진 ··· 20
슈퍼 문 ··· 22
탄천 잉어 ··· 24
반가사유상 ··· 26
무아의 경지 ··· 28
나목(裸木) ··· 30
장독 ··· 32
장모님과 홍시 ··· 34
빅토리아연꽃의 사랑 ··· 36
겨울비 ··· 38
돼지머리 ··· 40
꽃비 내리던 날 ··· 42
무지개 분수 ··· 44
겨울 산 소나무 ··· 46
원죄 ··· 48
눈 내리는 공세리성당 ··· 50
빙하 ··· 52

2부

선암사	… 56
경안천 오케스트라	… 58
다이아몬드 빛 설원	… 60
상사화(相思花)	… 62
얼레지	… 64
이팝나무	… 66
고목은 안다	… 68
할미바위 할아비바위	… 70
바간(Bagan)에서	… 72
탁발	… 74
홉스굴 호수	… 76
게르의 철학	… 78
네팔에서 산다는 것은	… 80
수즈달에서	… 82
로키 멀린호수	… 84
캔모어의 가을 아침	… 86
말레콘 해변	… 88
바라데로	… 90
아이슬란드	… 92
지브롤터 해협	… 94
발랑솔 마을 라벤더 꽃밭	… 96
론강을 바라보며	… 98

3부

사랑의 냉찜질	… 102
달팽이 아주머니	… 104
실로암 연못의 기적	… 106
금광동에 산다	… 108
정감(情感)	… 110
부디 건강하소서	… 112
나는 스턴트맨이 아니다	… 114
휠체어 레이서	… 116
프로그래머 이씨	… 118
아모르 파티	… 120
숨 가쁘게 살아온 인생	… 122
우리들의 젊은 날	… 124
여장남자	… 126
묵은 짐 나가던 날	… 128
끝내 못 뵌 어르신	… 130
생의 의지	… 132

1부

능소화 누이

능소화가 필 때면
시골집 평상에 누워
별이 총총한 하늘을 본다

빨강 노랑 옷은 처녀 때 유물
주황색 긴 치마를 푸근히 입고
능소화처럼 웃던 누이

세찬 장맛비 다 받아내고
뙤약볕에 농부처럼 그을린
거무튀튀한 누이 얼굴

거친 바람 불던 어느 날 밤
툭 꽃봉오리 지는 소리에
흰 꼬리 그리며 날아간 별똥별 하나

올해도 화단에 능소화가 피면
어른대는 누이 얼굴에
젖어 드는 눈시울

옹관*

길고 둥근 항아리는
누군가 타고 와서 버려둔 비행선
종착역은 또 다른 출발이다

주변을 맴돌던
하얀 나비 한 마리
수평선 너머 멀리 날아간다

기울다 차며 비추는 달과
밤새 깜박이는 별들은
맘속 깊이 자리한 어머니의 눈빛이다

봄이 오면 새싹 돋듯
소생하리라는 누이의 말에
새 생명이 잉태된다

우주를 접어 넣은 옹관에

노을빛 긴 물결이 반짝일 때

어디선가 아이 울음소리가 들려온다

* 옹관(甕棺)-시신 또는 화장한 뼈를 담아 매장하는 토기

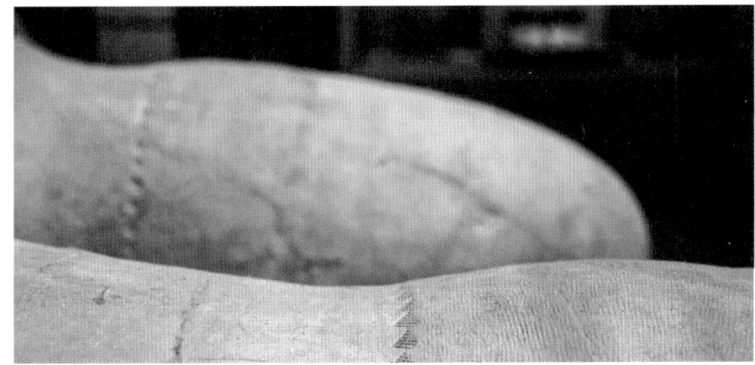

자목련

가지마다 화사하게
불 밝힌
자수정
손바닥만 한 꽃잎은
보라색 옷을 걸친
구원의 손길

담장 너머 마주친
신비로운 자태
첫눈에 반한 여운

한 해를 기다린 만남
영원히 함께 할 수 없다면
해마다 이 봄쯤에 만나
쌓인 그리움과 서러움을
다 털어놓고
한 번쯤 울고도 싶다

피아골 단풍

피같이 붉은 단풍
그 위에 살포시 내려앉은
순백의 사랑

눈 덮인 단풍 위로
부서지는 아침 햇살
붉으면 희지나 말지
어찌 이리 찬란한가

단 한 번 인연은
고독한 그림자인데
이승에서 못다 한 사랑은
피안에서의 약속이다

그도록 기다리던
절정의 순간
산바람에 일렁이는
피아골 단풍

단풍 공양

초록 손 내밀어
봄에 태어난 어린 단풍잎
뙤약볕에 부딪혀
검붉게 그을은 모습
온 힘으로 키워 낸 열매 고이 익혀
바람에 실어 날려 보낸다

갈바람과 함께 가을 깊어지면
이젠 돌아가야 하는 시간
계곡마다 가득 찬
다비식 참예 행렬
빨갛게 몸 불태워
마지막 공양을 바친다

향불과 영정 사진

잔뜩 찌푸린 하늘에
눈이 간간이 내린다
가득하던 신발장이 텅 빈 시간
서러운 눈빛 나누던 가족들도
빈 술병처럼 널브러져 잠든 사이
만수향 연기에 휩싸인 영정 사진
자애로운 얼굴이 어른거린다
동네 엄마들과 함께
해외여행 한번 가 보지도 못한 고인
너무 슬퍼하지 마라
세상 소풍 즐거웠다
하얀 손을 흔들며 장례식장 한 바퀴
휘- 돌아 사라진다
어설픈 잠에서 놀라 깬 상주
영정 앞에 새 향불 피우고
무심히 창밖을 바라본다
밖에는 흰 눈이
소리 없이 내리고 있다

슈퍼 문

동산 위로 떠오른
은메달같이 크고 밝은 달
안방까지 훤히 비춘다

때맞춰 차올랐다 이지러지며
바다와 육지의 경계도 아랑곳없이
거친 파도를 몰아 넘실거린다

위인을 잉태하려는지
누이들의 힘든 달거리도
절정에 이르게 하는 마법의 향연

우리들의 설렘과 아쉬움
사랑하는 이의 마음도 밝히 알아주고
새벽이면 조용히 흔적을 감춘다

어릴 적 누이와 함께 바라보던
암스트롱이 첫발 내딛던 달
그 속에서 누이가 환히 웃고 있다

탄천 잉어

탄천 물빛 가르는
잠수함 같이 통통한 잉어들
흰 물결 펄렁이며
교각 옆 댄스장에 모인다

등지느러미 간질이는
시원한 바람
비늘 속까지 비추는
가을 햇살

금빛 은빛 검은빛 무도회복
갖춰 입은 멋쟁이들
매끈한 몸매 휙휙 돌려가며
신나게 왈츠를 춘다

널려 있는 먹잇감
머무는 곳이 내 집인
그들의 천적은 인간뿐

공존의 삶을 아는지
아무런 고민도 없다는 듯
쉼 없이 멋진 춤을 선사하는
탄천의 자유로운 영혼

반가사유상

온갖 고뇌를 품고
반가부좌 틀고 앉아서
손가락 끝을 뺨에 대고
반쯤 눈을 감은 미륵보살

생로병사 그건 누구나 겪는 일
맘대로 해결되는 건 아니잖아요
지금 일도 힘든데

멍하니 바라보다
마음을 들킨 것 같아
돌아 나가는 길에
어깨 너머 느껴지는 뜨거운 눈길

자기 안에 갇힌 어리석음
집착은 고통을 낳을 뿐
사유하면 해탈할 수 있지

돌아보니 반가사유상의

온화한 미소가
나를 환히 비추고 있다

무아의 경지

남국의 열정과
고단한 삶을 담아
흥겨운 리듬에 몰입하는
재즈 피아니스트
지그시 감은 눈과
입가에 미소
건반 위를 나는 손과
들썩이는 어깨

무아의 경지…

중생 구제를 위해
깊은 사유에 잠긴
반가사유상
고뇌 끝에 오는 환희의
금빛 미소
가슴 뿌듯한 황홀함이여

나목(裸木)

강바람이 윙윙대는
여의도 빌딩 숲속
봄을 염원하듯
두 팔 쳐든 채 겨울밤을 나는
한 그루 나목
그 위로 비치는
빌딩의 붉은 빛은
정념을 꿈꾸게 한다
산다는 것은
시련을 견뎌내야 하는 것
잎을 다 떨군 나무는
가지 끝 도시의 불빛에
추위를 녹이며
영혼을 사른다

장독

그 자리에 있는 줄
이제야 보았네
긴 세월 속에 초라하게 그은
소박한 모습

퍼붓는 장맛비에 시달리고
눈보라에 흰 눈이 수북이 덮여도
든든한 장독이 있어
따스했다

제 안에 품은 것을
햇볕과 바람으로 소중히 키우며
언제나 함께 할 줄 알았던
그 자리

곰삭은 된장 가득 담긴 장독을 열면
뿜어져 나오는 어머니의 향기
세월이 갈수록
그리움만 커간다

장모님과 홍시

처갓집 앞마당에 오래된 감나무
늦가을 찬 서리에
홍시가 익어갈 때
장모님은 딸 사위를 부르셨다
빼꼼히 열린 대문 앞에 서면
급하게 얼굴 매만지고
홍시 빛깔 처녀 모습으로
백년손님 반기셨다

처갓집 홍시를 못 본 지도 몇 년째
주인 잃은 감나무도
베어진 지 오래지만
홍시 따며 꽃피우던 이야기가
장모님 얼굴처럼
빨갛게 번져 온다

빅토리아연꽃*의 사랑

연못 속 공주는 가시 돋친 옷으로 몸을 감싸고
천 리 물길 헤치며 뭍으로 나왔다
팔월 둥근달 뜨는 날 이곳에서 만나기로 했었지
하얀 드레스로 갈아입고 밤이슬 맞으며
온밤을 지새워도 님은 오지 않는다
일 년을 기다린 이 시간

다음날 그녀는 초조함과 슬픔에 피를 토하여
하얀 드레스가 분홍색으로 물들어 버렸다
이 밤이 지나면 다시 연못 속으로 돌아가야 할 운명
달빛에 비친 그녀의 아름다움을 지켜보는
수많은 사람들
그러나 그녀가 찾는 님은 보이지 않는다

달도 기울어 어스름한 시각
공주는 진분홍빛 드레스를 한 겹씩 벗어 던지고
머리를 곧추세운 채 목을 길게 빼어
그리운 님을 불렀다
사람들이 웅성거리기 시작했다

공주님이 왕관을 썼다 여왕이다 밤의 여왕이다
빅토리아연꽃 여왕 만세

어슴푸레 새벽이 밝아오자
빅토리아연꽃 여왕은 여명 빛을 받으며
연못 속으로 사라져 갔다
온몸으로 사랑을 보여준 여왕이 떠난 뒤에야
그녀가 찾던 님이 자신들이었음을 깨달은 사람들은
한동안 그 자리를 떠나지 못하였다

* 빅토리아연꽃: 늦여름 저녁에 피는데 보통 첫날은 흰색, 둘째 날은 붉은색을 띄고 꽃잎이 꺾이면서 왕관 모양을 하다가 삼 일째 진다.

겨울비

카페 앞뜰을 적시는 찬비
솔잎 끝에 둥글게 맺혀
촉촉한 눈빛으로 마음 흔든다

새벽을 밝히는 샛별같이
봄을 기다리던 대지
동백꽃 따스함을 선사하던
푸근한 여정

얼어붙은 제 몸 삭여내며
먼 하늘 바라보는 겨울나무처럼
사랑은 주는 것만으로 행복이다

긴 숨 토해내듯
쉼 없이 뿌려대는 겨울비는
아득한 발자국 소리 되고
차디찬 창가에는 그리움이 어린다

돼지머리

굿판 고사상 한가운데
오래오래 잘살고
자식 잘되게 해달라는
간절한 기원 안다는 듯
빙긋이 웃고 있는 돼지머리

고단한 하루 일과 마친 사람들
눌린 머리고기 한 점에 막걸리 한잔
우리는 한 식구라느니
인위적인 구조조정은 없다더라는 등
바람 같은 말들에 열 올리며
낙화처럼 불그레해진 얼굴들
진열장 저 위에서 바라보며
음흉하게 웃고 있는
우두머리 돼지머리

꽃비 내리던 날

거친 샛강 바람에
흔들리던 꽃잎들
꽃비 되어
윤중로를 뒤덮는다

가슴앓이하며 보냈던
수많은 겨울 밤
봄바람 불어오면
눈부신 꽃송이
하얀 밤을 밝힌다

짧은 봄을 불사르고
스러져야 하는 청춘들
곱게 피워낸 흔적 남기고
그리움 간직한 채
바람같이 떠나간다
이 푸르른 날에

무지개 분수

반포대교를 수놓은
무지갯빛 폭포
흰 날개 퍼덕이며
창공 향해 뛰어오른
작은 물줄기들
더 높이 날 수 없어
방울방울 눈물 맺혀
은하수 쏟아내고
봄바람에 흩날리는 꽃잎처럼
훨훨 날아
강물을 적시면
일렁이는 물결
무거운 가슴들 씻어 내려
바다로 바다로 흘러만 간다

겨울 산 소나무

하얀 정적이 쌓인 겨울 산
벼랑 끝 바위틈에 서서
눈보라 견뎌내는
소나무 한 그루
삶의 애증은 녹아
바위처럼 굳어지고
은빛 머리 고뇌에 찬
처연한 모습
눈길 헤치며
산에 오르던 사람들
상념에 잠겨 바라본다
머잖아 봄날이 올 거라고
잠시 머무는 인생이라고
소나무가 소리 없이 속삭인다

원죄

선악과를 따먹은 죄로
낙원에서 추방된 아담과 이브
이마에 땀이 맺히도록 일하고
해산의 고통을 겪게 했지
세상에 나가 만물을 지배하고
하늘의 별같이 바다의 모래알같이
번성하라 했네
아담의 우람한 남성상
호기심 가득한 눈으로 바라보는
어린 이브
그녀도 머잖아 또 다른 아담을 만나
창조를 이어 가겠지

눈 내리는 공세리성당

성령이 강림하시듯
함박눈이 펑펑 내리는
공세리성당
모진 박해 이겨내고 현양된
삼십이위 순교자들
그분들의 혼백인 양
고목이 눈송이를 반긴다

온몸으로 파고드는
순백의 영혼들
순례자의 가슴은
뜨겁기만 하다
구원의 길을 찾는 순례자는
그 자리에 서서
십자성호를 긋고 합장한다

빙하

거대한 설산
눈이 부시도록 흰 눈
인고의 세월을 다지고 다져
빙하가 되었다
위용을 떨치던 당당한 모습
때가 되면 쪼개지고 떠밀려
제 길을 나선다
투명하다 못해 파르스름한
옷으로 갈아입고
다시는 돌아올 수 없는 길을
뒤돌아보며 간다
진혼곡을 부르는 바다
출렁이는 파도에 몸을 맡기고
너울너울 춤을 추며
스러져간다

2부

선암사

고답스런 산사
계절마다 아름다운 곳
선녀가 내려왔다는 맑은 계곡 따라
늘어선 노거수가 반긴다
인간사 내려놓으라는
무언의 손짓

천오백 년 고찰 빛바랜 단청
청량한 영혼 고고한 선암매
근심 찌꺼기 털어버릴 정갈한 해우소
담 너머 수행 스님이 간간이 보일 뿐
영겁의 세월 이어가는 묵언의 시공

이별의 아픔 안고 출가한다던
어린 시절 이웃집 누이의
고뇌하던 모습과
발자취가 느껴지는 곳
삶이 헛헛할 때면 무시로 찾아와
위로받고 싶은 곳

경안천 오케스트라

고니들의 울음이 울려 퍼지는
겨울 경안천
백조의 호수처럼 고운 물결 그리며 춤춘다
머리 숙여 엉덩이 하늘로 치켜든 예술가들
우아한 날갯짓 속에 목을 비비며
속삭이는 한 쌍의 연인
졸졸 따라다니는 새끼 고니
돌아보는 부부
구령 소리에 하던 짓 멈추고
행진을 한다
바람결에 갈대도 환호하는
한편의 웅장한 오케스트라

다이아몬드 빛 설원

선자령* 젊은 바람도

숨이 차 힘들게 넘어가는 곳

다이아몬드 빛 설원은

사람들의 꿈동산

묵은 영혼의 정화소

눈바람 휘도는

능선 길 걷는 연인은

굳은 사랑을 희원한다

미소 띤 얼굴로 오수 즐기는 양들과

어미 등 오르내리며

젖꼭지 찾아 분주한 새끼 양들

폭설 한파가 온 세상을 뒤덮어도

이곳은 삶이 진행형인

평화로운 눈꽃 세상

* 선자령: 강원도 평창군 대관령면에 위치한 고개로 설경이 아름다운 백두대간의 주 능선.

상사화(相思花)

불갑사 계곡마다 붉게 물든 꽃무릇
푸르고 긴 꽃대 님 찾아 목 빼고
사랑의 열병으로 온몸이 빨개졌나

그리던 님 만날까 화려하게 치장하고
차가운 이슬에도 우아함 잃지 않고
따가운 햇살에도 그 모습 의연하구나

한 뿌리에 살아가고 있어도
서로 그리워할 뿐 만날 수 없는 운명

오늘도 애틋한 그리움 이겨내려
타오르는 불꽃 온몸으로 끌어안고
꽃잎 사이사이 눈물 가득 머금은 채
화사하게 웃고 있구나

얼레지

화야산 계곡 가파른 언덕에
보랏빛 화사한 얼레지꽃
늘씬한 몸매 자랑하는 멋쟁이
해가 뜨면 바쁘게 치장을 한다

밤이슬에 젖은 치마 들어 올리고
속눈썹 같은 수술 늘어뜨리고
요염한 암술은 드러내며
짙은 향기 뿜어댄다

산길 가던 홀아비 넋을 잃고 바라보고
구경꾼들 모여들어 한마디씩 던진다
바람난 여인이다

저잣거리로 나서지 않고 제 나름대로
한껏 뽐내는 미모가 대견하다
나도 뜨거워진 가슴 가라앉히며
마음 가볍게 산을 내려온다

이팝나무

때도 아닌데
입하에 눈꽃 덮어쓰고
여름 알리는 전령사
호사스런 봄꽃들이
천사되어 내려왔나

보릿고개 허기질 때
이밥 공양해 준 은인
훤칠한 나뭇가지 푸르른 잎새
세상을 덮을 듯 큰 그림자는
나그네를 위한 쉼터

난 누굴 위해
밥이 되고 그늘 된 적 있나
늦은 봄 세상을 밝히는
눈꽃 송이 이팝나무

고목은 안다

고목은 안다
아지랑이 피어오르는 봄날
산벚꽃 구경 오는 사람들을
물안개 피어오르는 가을날
단풍 따라 오는 마음을
영화* 속 청년승이 집 나가 방황하다
회귀한 사연도 고목은 알고 있다
능선이 비춰진 여명의 주산지에는
산 그림자와 고목이 평화롭다
고목은 말한다
그 무엇도 기다리지 말고
그리워하지도 말라고
차가운 물속에서도 뿌리 내리고
담담히 깊어가는 것이
사는 법이라고

* 영화: "봄, 여름, 가을, 겨울 그리고 봄"은 청송 주왕산 내에 있는 주산지를 배경으로 사계절의 순환을 통해 인간의 삶과 불교적 세계관을 아름답게 표현한 영화.

할미바위 할아비바위*

하염없이 남편을 기다리다
바위가 되었다는 할미바위
기특히 여긴 용왕님이
불쑥 솟아 올렸다는 할아비바위
밀물 때는 섬이 되어
오갈 수 없고
썰물 때는 바닥이 드러나도
서로 그리워만 한다
오렌지빛 노을이
기쁜 날의 추억을 되새기고
잔잔한 물결은
젊은 날의 멜로디를 들려준다
갈매기만 간간이 오가며
안부를 전한다

* 할미바위 할아비바위: 충남 태안군 안면읍 꽃지해수욕장 인근에 있으며 명승 제69호로 서해안 낙조로 유명하다.

바간(Bagan)에서

불국토의 꿈을 간직한 미얀마의 옛 도시
평화롭게 자리 잡은 삼천여 불탑
탑 쌓는 일이 일생의 수양인 듯
내보이는 불심

황톳빛 평원에 석양이 깃들면
불탑들의 황금물결 파노라마
순례객들 사이에는 정적이 흐른다

스피커를 울리는 요란한 독경 소리
선잠 깨어보니 새벽 두 시
깨어 기도하라는 말씀 따르는
제자들의 간절한 기구

여명이 밝아오니
선몽을 꾼 듯 편안하다
나도 마음속에 불탑 하나 쌓으며
길을 떠난다

탁발

석류 빛깔 가사 걸친
선한 눈빛 맨발의 스님들
항아리 같은 발우 부여잡고
새벽길 나서는 행렬

모락모락 김 나는 밥 지어 들고
대문 앞서 기다리는 불자들
최고의 공덕이 보시라며
정성껏 공양하는 고운 미소

오랜만에 여유롭게 둘러앉은 식탁
아내의 사랑 담긴 따뜻한 밥
탁발승이라도 된 듯한
감사한 마음

흡스굴 호수

몽골 드넓은 초원 끝자락
해발 천오백 미터 고원의
바다같이 넓고 푸른 어머니 호수

전통가옥 게르가 드문드문
한가로이 풀 뜯는 말과 양
새끼 거느리고 나온 한 쌍의 고니 부부

밤이면 난롯가에 모여
낡은 텔레비전을 보는
화목한 가족
게르에서 보는 총총한 별들 속
긴 꼬리 그리는 행운의 별똥별

대초원의 젖줄
원시와 현대가 공존하는
평화롭고 신비로운
몽골인의 자부심

게르의 철학

게르에 사는 사람은 안다
삶은 잠시 쉬어가는 여정이란 걸
기둥 몇 개에 흰 천막 두르고
나무 침상과 작은 난로로
혹한 견뎌내며
태양 빛 모아두어
세상과도 소통하는 사람들
말에서 내리면 망한다는
징기스칸의 경고가
가슴에 사무친 듯
자연에 순응하며
언제든 떠날 준비가 된 사람들

네팔에서 산다는 것은

네팔에서 산다는 것은
신에게 자신을 온전히 맡기는 것
건기의 희뿌연 먼지가
척박한 대지를 뒤덮어도
우기의 질펀함과 후덕지근함이
삶의 의욕을 꺾어도
신의 뜻이려니 받아들이며
하루하루를 살아갈 뿐
마니차를 돌리며 끊임없이 경배하는 순례자들
원숭이도 기도하듯 사원을 소요한다
병풍처럼 둘러싼 히말라야 설산이
이들을 품어준다
무엇을 믿는다는 절대적인 헌신은
인간의 사랑으로 이어져
고단한 삶 속에서도 시름을 나누며
오늘을 산다

수즈달*에서

동토의 땅 천년 고도 수즈달
백야의 희뿌연 새벽이 밝아오는
아직 잠에서 깨어나지 않은 소박한 마을
강 건너 멀리 보이는
호박 지붕 오래된 성당은 고요함을 더하고
종지기도 이 적막함을 깨뜨리지 않는다
휘-휘 타닥 타닥 타다닥
강가에 펼쳐진 갈밭이 스산한 바람과 어우러져
서로 몸을 부딪치고 잎을 비벼대며
아름다운 화음을 들려준다
먼 길 찾아온 나그네는
그 자리에서 한참을 선 채로
그림 같은 풍경에 빠져든다

* 수즈달: 러시아의 옛 도시. 정교회의 건축양식이 잘 보존되어 유네스코 문화유산으로 등재되었다.

로키 멀린호수

로키산맥의 재스퍼 국립공원
만년설이 녹은 물줄기가
하늘빛 호수를 이룬다
전나무 숲과 갈대가 들어찬 계곡에는
물새들이 한가로이 날아오르고
태초에 창조된 모습 그대로인 세상은
고요하기만 하다

설산이 빠져드는 맑은 호수는
번잡한 삶의 피로를 씻어주는 힐링의 전당
행복이란 이런 것이라고 말한다
젊은 시절 호반의 도시에서 만났던 인연
호수같이 크고 청정하게 살라는 그 뜻이
로키 멀린호수에서 새삼 떠오른다

캔모어의 가을 아침

로키산맥의 작은 도시
캔모어의 계곡은 아름답다
초록빛 전나무들은 하얀 눈을 머리에 이고
사철 푸르름을 뽐낸다
계곡물에 비친 노란 자작나무 단풍은
우아한 여인의 옷자락처럼
하늘하늘 물결 진다
아침 햇살은 맑은 계곡 속에서 반짝이고
오리들은 파문을 그리다가
이내 고요해진다

큰 바위들로 위용을 갖춘
세 자매 봉은 흰 머리카락 날리며
만년 기상을 드러낸다
세상의 창조 신화를 이뤄낸 듯한 우람한 자태는
고작 백 년 인간을 어서 오라 반기고
갖은 풍상에도 꿋꿋이 살아온
그 힘을 불어넣어 준다.
캔모어의 가을 아침은 신비롭기만 하다

말레콘* 해변

방파제에 앉아 바다를 바라보며
사랑의 밀어를 나누는 연인들
해안 따라 달리는 올드카가 내뿜는 연기도
해풍에 사라지고
물보라에 기꺼이 축복의 세례를 받는다

어머니 품 같은 카페에서 커피를 마시고
밤이면 모히또 한잔과
재즈 음악에 살사 춤으로
삶의 공허를 뿜어낸다

방파제를 넘나드는 파도처럼
혁명의 꿈은 산산이 부서져도
말레콘의 노을은 끝없이 타오른다
자유세계와 쌓은 두터운 담 말레콘은
카리브해를 넘어온 바람을 만나
낭만적인 해변이 되었다

* 말레콘: 쿠바의 수도 아바나의 구시가지 북쪽에 위치한 해안도로.

바라데로*

종이 팔찌 하나면
무엇이든 이용할 수 있는
올 인클루시브 휴양지 바라데로
에메랄드빛 바다는
마음까지 물들일 듯 일렁이고
색색의 요트들이 바람 타고
천상을 오간다
여인의 살결처럼 고운 백사장
비치 베드에 누워 명상에 잠긴 사람들
재즈 카페는 밤의 낭만을 부르고
경쾌한 살사 춤은 마약처럼 황홀하다
밤하늘에 뜬 카리브의 별바다는
어릴 적 여름밤 꿈속의 세계
천국이 있다면 바로 여기가 아닐까

* 바라데로: 쿠바 북부의 카리브해에 면한 가장 큰 휴양도시.

아이슬란드

텅 빈 항구
먼 하늘만 바라보는 등대
비바람은 늘 함께하는 친구
이끼 낀 화산석은
눈 속에 잠들어있고
설산 떠난 빙하는
정처 없이 떠돈다

외딴섬을 일군 불야성의 도시
IT 강국 된
바이킹의 후손들
먹구름 밀려가고
오로라가 휘감아 오를 때면
지구촌 사람들이 함께 춤추는
이곳은 불멸의 땅
아이슬란드

지브롤터 해협

대륙과 대륙 사이
아프리카와 유럽
모로코와 스페인을 오가는
짧은 바닷길

바다와 바다 사이
지중해와 대서양
많은 배들이 지나는
좁은 바닷길

지브롤터 해협이 없다면
아프리카와 유럽의 구분도 애매하고
지중해와 대서양도 막혀있을 뿐

사이가 없으면 관계도 없다는 것을
좋은 관계는 적당한 거리가
있어야 한다는 것을
지브롤터 해협이 말해준다

발랑솔 마을 라벤더 꽃밭

칠월이 되면
보랏빛 향기로 가득 차는
프로방스 발랑솔 마을
보라색 지평선은
화려하고도 거룩한 천상의 화원
메마른 구릉지에 피워낸
창조주의 작품
우루루 몰려온 사진가들과
인생 사진 찍기에 분주한 여인들
늘씬한 미인 같은
밭고랑 사이를 걷다 보면
뇌쇄적인 연보랏빛 꽃과 향기에
눈과 코가 벌렁거리는
숨 막히게 아름다운
발랑솔 마을 라벤더 꽃밭

론강을 바라보며

알프스에서 녹아내린 빙하가
남프랑스를 적시며
지중해로 흘러드는 론강
로마를 그리며
강물을 바라보고 눈물짓던
아비뇽의 교황님들
고흐는 아를의 강변에서
론강의 별이 총총한 밤을 그린다
강가의 오래된 마을은
노을빛에 한 장의 사진이 되고
성당의 만종 소리는
순종하는 삶을 되뇌인다
유랑하는 나그네는 강 언덕에 앉아
강물 내음 미풍에 지그시 눈을 감고
평화로움에 잠겨본다

3부

사랑의 냉찜질

나이 들어 홀몸 되니
어느 누가 찾아줄까
일찍부터 대로변을
서성이는 어르신

백 년 만의 무더위에
지구촌은 찜질방인데
24시간 한증막을 광고하는
버스만 무심히 오간다

땀 흘리며 찾아간 어르신 댁
앞세운 자식 만난 듯
냉찜질 해주시는 손길은
어머니의 손길

뜨거워진 가슴
차디찬 얼음 팩에 녹아내리고
어느새 더위도 사라져
따스한 어르신의 마음만 남는다

달팽이 아주머니

번개 맞은 대추나무처럼
굳어진 한쪽 팔과 다리
달팽이 같이 굼뜬 걸음에
땅속에서 무엇에 끌렸을까
쉽게 발을 떼지 못한다
바람은 다정한데
울퉁불퉁한 길은 피하고 싶은 친구다

그녀의 꿈은 어려서처럼
꼿꼿하게 서서 걸어보는 것
한 번만이라도
바로 서보는 것
토끼와 거북이 경주처럼
느린 걸음도 이길 날이 있다며
오늘도 뜨거워진 발바닥을 주무른다

실로암 연못*의 기적

하느님이 하시는 일을 보여주는
실로암 연못의 기적
시각장애인인 그는
어릴 때부터 세상의 그늘 속에서도
성서의 이 말씀을 늘 가슴에 새기며 살았다

등불을 켜면 오히려
자신을 더 빛나게 하는 법
하얀 지팡이가 자신의 존재를 알리듯
그는 깔끔한 인상 청결한 복장으로
맹인선교회에서 열심히 봉사하는 청년이었다

오랫동안 그를 지켜본 목사님이 중매를 섰다
불행했던 시절 남편과 헤어진 여인은
시각장애를 가진 그에게
손을 내밀었고
그는 천사 같은 아내의 손을 잡았다

* 실로암 연못: 예루살렘 성안에 있는 작은 연못. 요한복음 9장의 이야기로 널리 알려짐.

금광동*에 산다

비탈진 산길 한참 오르면
하늘 맞닿은 달동네
무덤 속 같은 반지하 방에도
햇빛은 어김없이 찾아들고
사시사철 열린 문틈으로
새어 나오는 웃음소리
아름다운 젊은 시절은
빛바랜 사진 속에 머문다
손수레 끄는 할머니의 이마에는
땀이 흐르고
눈먼 어미 손 이끄는
딸의 효심이 갸륵하다
땅속에 금광도 묻혀있고
삶도 묻혀있고
산다는 건 그런 거라고 위안하며
오늘도 금광동에 산다

* 금광동: 성남시 지대가 높고 지형의 기복이 심한 지역, 금광이 묻혀있다는 설이 있다.

정감(情感)

잠그지 않은 단칸방 문을
살짝 밀고 들어서면
들을 수 없는 어르신이
눈을 마주치며 반갑게 맞아주신다
주인처럼 사람이 그리웠던지
개 한 마리가 안기고 기어오른다
안전시설 점검 후 댁을 나오면
골목길을 벗어나도록 문밖에 서서
손으로 눈으로 배웅해주신다
나를 쫓아오던 개는
어르신의 외침 소리를 듣고서야 돌아간다
학창 시절 집에 오면 먹을거리를 챙겨주시고
길 떠나는 아들을 바라보며
안쓰런 표정을 지으시던 어머니의
정감 어린 모습이 떠오른다

부디 건강하소서

임대아파트에 사시는 곱상한 어르신
공주가 고향이라신다
외가가 그곳인 나에게
아들 같은 복지사님이라며
두 손을 꼭 잡고 눈물을 글썽이신다

한때는 서울에 고래 등 같은 기와집도 있었다는데
뜨거운 봄볕에 바랜 철쭉처럼
시름시름 앓던 아들 둘이 스러져갔고
가슴에 숯덩이를 안고 골골대던 남편마저 떠나며
화려한 젊은 시절은 희미한 기억뿐
병수발로 보낸 세월만이
회한으로 남으셨다 한다

인사를 드리고 문밖 복도로 나설 때
어르신은 나를 향해 합장한 채
오히려 허리를 굽혔다 펴길 세 번을 하시며
내 건강을 빌어 주신다
부디 건강하소서 부디 건강하소서 부디…

나는 스턴트맨이 아니다
(어느 투신소동 현장에서)

고층 아파트 아래
요란한 소방차 분주한 소방관들
노란 에어매트는 유채꽃밭 같다
올려다보는 수많은 눈동자
하늘을 무심히 나는 새들처럼
그냥 날고 싶다
나는 스턴트맨이 아니다
불빛 없는 등대 같은 삶
남은 것은 고통스런 육신뿐
나를 자유롭게 해줄
새 세상이 있을까

현관문 밖에서 외치는 소리
문 좀 열어보세요
친구야 그냥 사는 날까지 살다 가자
꿈처럼 허망한 지난 세월이
뿌옇게 머릿속을 스친다
검은 바다가 일렁이고
어머니의 얼굴이 겹쳐 보인다

이승의 끝에 선 순간
등 뒤에서 잡아채는 손길에
간밤의 술이 확 깬다

휠체어 레이서

내 정신은 멀쩡하다
내 삶의 분신과 함께라면
몸도 멀쩡하고
어디든 갈 수 있다

한적한 아파트 샛길
신나게 손에 힘을 주며
나만의 스릴을 즐긴다
부딪치는 바람이 상쾌하다

어릴 적 내 꿈은 카레이서
찌푸린 상으로 흘기는 사람들
동정 어린 눈길로 바뀌다가
이내 무심해진다

뻘개진 얼굴
가쁜 숨 몰아쉴 때면
오늘도 살아있음을 느끼는
나는 휠체어 레이서

프로그래머 이씨

하루 종일 의자 위에 앉혀진 채로
게임만 하는 뇌성마비 장애인 이씨
이십 년 넘게 게임을 하다 보니
프로그램을 만들 수도 있단다
취업해보라 했더니
계면쩍게 손사래를 친다
이야기 도중 갑자기 괴성을 지르는 그를
보조인이 단짝 들어 화장실로 데려간다
하반신 마비라 변기 위에 올려 놔줘야 한다

게임을 계속하던 그가
비틀린 몸짓 손짓을 써가며 어눌하게 말한다
복.지.사. 선.생.님~ 제. 인.생.이~ 컴.퓨.터.라.면. 요~
깨.끗.하.게~ 리.셋.하.고~ 싶.어.요~
인생은 컴퓨터가 아니에요
아껴가며 수명이 다할 때까지 쓰는 것뿐이랍니다
그 집을 나오며 생각해 본다
내 인생도 리셋하면 어떨까?

아모르 파티

35도를 오르내리는 한여름
산동네 허름한 주택의 단칸방
단식투쟁하는 인도의 간디일까
잠뱅이만 걸친 나뭇가지처럼 말라버린 어르신
복지관에서 보내준 음식과 포장지가 널려있고
뜯어진 벽지 사이로 보이는 어르신의 낙서

    인생은 고해다
    네 이웃을 네 몸같이 사랑하라
    나는 배부른 돼지보다 배고픈 소크라테스가 되겠다
    너 자신을 알라
    아모르 파티-너의 운명을 사랑하라

선풍기와 라면 한 상자의 의로움에
늙으면 체온이 떨어져 덥지 않다며
힘든 길 자주 오지 말라는 겸양의 말씀
오는 길 내내 머릿속에 맴도는 유행가 가사
인생은 지금이야… 왔다 갈 한 번의 인생아…
아모르 파티 아모르 파티

숨 가쁘게 살아온 인생

헉헉… 후우우…
숨이 목까지 차오른 어르신
과자공장에서 연탄가스 마시며
평생을 일한 탓에
남은 것은
이식만을 기다리는 섬유화된 폐
보행기에 산소통을 실어야
동네 슈퍼라도 갈 수 있다
마음 쓰여서 잠깐 들렀다가 바로 나왔다
고시원에서 연탄가스로 고생했던 나도
옛날이 떠올랐다
그래선지 지금도 환절기만 되면 민감하다
숨 가쁘게 살아온
우리 시대의 씁쓸한 초상인가

우리들의 젊은 날

홀로 찻집을 운영하며
남매를 키웠다는 팔십 대 어르신
연락이 뜸한 자녀들과
의미를 잃어버린 삶에 지친 나날들
어르신 집에만 계시지 말고 나가서 뭐든 하세요
나는 주민센터에 어르신 일자리를 신청해 드렸다
다시 방문했을 때
어르신 얼굴에 생기가 돌았다
공공근로가 삶의 활력을 주고
손주들 용돈도 줄 수 있어 좋으시단다
무엇보다 즐거운 것은 연상의 독신남을 사귄 일
뜨거운 커피를 보온병에 담아가서
나눠 마시는 것이란다
젊은 시절의 낭만을 찾은 어르신을 보며
대학 시절 따르던 후배 여학생이 떠올랐다
우리들의 젊은 날도
아련한 추억으로 남아 있었다

여장남자

독거노인 방문차 벨을 누르니
치마를 입고 빨간 립스틱을 칠한 분이
문을 열어준다
어쩐지 굵은 목소리에서
흠칫 여장남자임을 알았다
방 안은 보랏빛 형광등에 꽃무늬 벽지
박제 새와 조화 장식이 화려하다
여성성을 타고난 어르신은
어려서부터 여자행세를 하며 성장했고
이태원의 술집에서 일해왔다고 한다
나라고 남자로 살고 싶은 생각이 왜 없었겠어요
그게 맘대로 안 되니 어쩔 수 없었지요
그분의 성 정체성을 실감하니
왠지 마음 한켠이 시리다

묵은 짐 나가던 날

얼마 안 되는 삶의 흔적들이
긴 사다리를 타고 내려와
재활용품 수거차에 실린다
오래도록 살겠다던
봉안당같이 촘촘한 임대아파트에
수없이 함께했을 봄여름
많은 계절을 남겨둔 채

삭아버린 장롱과 텔레비전
수양버들 춤추는 옷걸이대
벽시계는 째깍거리며 철없이 살아있다
보랏빛 향기를 잃지 않은
화분 속 나팔꽃은
천국 문을 열라는 듯 연신 나팔을 불어대며
벌린 입 다물 줄 모른다

끝내 못 뵌 어르신

어두운 반지하 복도에 들어서서
현관 벨을 눌러도 기척이 없다
전화를 거니 끊어질 듯 이어지는 가는 목소리
여보~ 세요~ 누구~ 신가요~
네 어제 방문 약속한 복지사입니다
무슨~ 일~ 인가요~
응급안전 점검차 왔습니다
일어~ 나질~ 못해~ 문을~ 열~ 수~ 없어요~
월요일 오전~ 요양보호사 올 때~ 오세요~
많이 편찮으신가요
아니요~ 몸은~ 좀 불편한데~ 마음은~ 편안해요~
네 급한 일 있으시면 119전화기 버튼을 누르세요
그러면 소방서에서 바로 올 거예요
알겠~ 어요~ 감사해요~
그날도 어르신을 못 뵙고 돌아왔다
주일날 성당 입구에 붙어있는 장례미사 안내
그분이다
이젠 천국에서나 뵐 수 있을까
목소리로 주고받은 정이

가슴을 뭉클하게 한다
미사 중에 어르신의 명복을 빌어드렸다

생의 의지

생명의 물줄기가 흐르는 이 땅에서
나고 자라며 살아가고
낳고 키우며 살아가고
어디론가 느릿느릿 가고 있을 뿐
삶은 이어지고 있다

물끄러미 지나온 길들을 되돌아본다
아득한 고향이 있었다
꿈이 있었고
젊은 날도 아름다운 사랑도
행복도 있었다

굳어진 몸은 누구에게 맡길까
반만 남은 넋뿐인데
그래도 살아야 한다
생의 끄트머리에
다다를 때까지는

나는 스턴트맨이 아니다

ⓒ 홍긍표, 2025

초판 1쇄 발행 2025년 11월 21일

지은이	홍긍표
펴낸이	이기봉
편집	좋은땅 편집팀
펴낸곳	도서출판 좋은땅
주소	서울특별시 마포구 양화로12길 26 지월드빌딩 (서교동 395-7)
전화	02)374-8616~7
팩스	02)374-8614
이메일	gworldbook@naver.com
홈페이지	www.g-world.co.kr

ISBN 979-11-388-4978-4 (03810)

- 가격은 뒤표지에 있습니다.
- 이 책은 저작권법에 의하여 보호를 받는 저작물이므로 무단 전재와 복제를 금합니다.
- 파본은 구입하신 서점에서 교환해 드립니다.